Detlef Lichtenstein

Antworten aus dem Sein

Vorwort

Bevor ich in den 80er-Jahren mit Recherchen und dann folgend mit Veröffentlichungen von Inhalten zur Industrie- und Designhistorie begann, habe ich zu derselben Zeit mein Denken zu den Themen Liebe, Tod und Schicksal in Poesie und Prosa niedergeschrieben, da sie den Menschen als ihn bewegende Lebensinhalte zutiefst berühren.

Ich habe es damals vermieden, die Inhalte meiner Schreibe am aktuellen Zeitgeschehen auszurichten und sie vor allem weit weg von politischen Offenbarungen gehalten, deshalb sind die Gedichte und Geschichten trotz dieser langen Zeit beständig und daher weitgehend aktuell. Sie reflektieren in Stil und Inhalt einen festen Kurs, der nahezu in jeder Epoche eine passende Position einnimmt. Die einzelnen Werke sind kurz und bündig und haben so eine angenehme Länge.

Im Laufe der Jahre kamen noch einige Schriften hinzu. Vor kurzem habe ich die Inhalte, die seinerzeit noch mit der Schreibmaschine fixiert wurden, in der Absicht eine Publikation zu realisieren, in den Computer getippt. Dabei habe ich hie und da einige handwerkliche Mängel korrigiert und eine Auswahl für diese Veröffentlichung vorgenommen.

Einen nicht geringen Teil der Lyrik habe ich an den Expressionismus als Stilmittel angelehnt, ohne dessen Merkmale jeweils voll und ganz in eine entsprechende Form zu bringen.
Die Inhalte geben ein subjektives Erleben wieder, welches auf einer punktuell fokussierten Wahrnehmung beruht. Für mich ist im Verlauf der Wörter ein Ebenmaß wichtig, welches eine Harmonie zum Ziel hat, ohne festen Strukturgesetzen zu folgen.

Die Inhalte sind ein Spiegel meiner Motivation, die Welt fragend und emotional im Detail zu sehen. Sie sollen Antworten geben. Sie sollen Antworten aus dem Leben an das Leben geben, eben Antworten aus dem Sein!

Inhalt

Liebe und Freundschaft 9

Liebe und Hingabe............................. 17

Liebe und Tod 19

Glaube und Religion 21

Hilfe und Hoffnung 25

Denken und Philosophie 29

Sendungsbewusstsein 31

Schicksal 31

Leben und Sinn 37

Expressionismus 41

Politik 49

Krieg und Frieden 51

Schlagwörter und Sprüche 53

Kurzgeschichten 59

Hintergründe und Anmerkungen 73

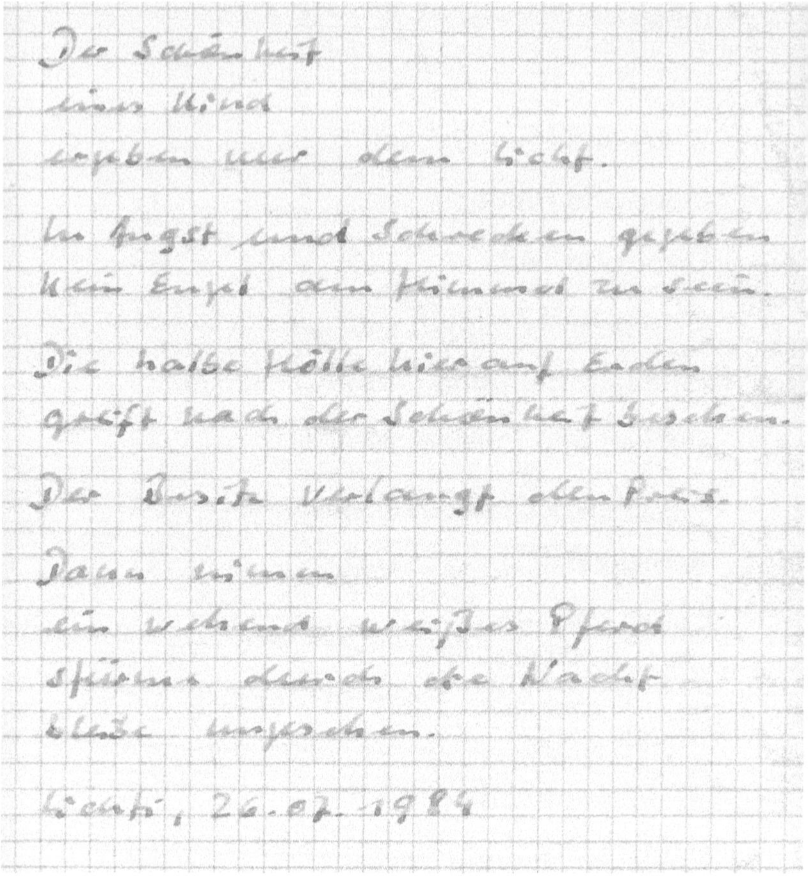
Der Schönheit
eines Kind
gegeben war dem Licht.

In Angst und Schrecken gegeben
kein Engel am Himmel zu sein.

Die halbe Hölle hier auf Erden
greift nach der Schönheit Geschehen.

Der Besitz verlangt den Preis.

Dann können
ein wehend weißes Pferd
spüren durch die Nacht
bleibe ungesehen.

[illegible], 26.07.1984

Handschrift des Autors zum Gedicht "Schönheit" auf Seite 40

Liebe und Freundschaft

Am liebsten

Sonnenuntergang am See.

Ein Stern in der Dunkelheit.

Roter Käfer am grünen Blatt.

Mein schönster Traum.

Die Weisheit zu ahnen.

Ein Lächeln im Wind.

Am liebsten bist mir du!

Boten der Liebe

Die Boten der Liebe, so seltsam sind sie.

Bin ich bei dir, so möchte ich fort.

Bist du fern, so möchte ich zu dir.

Sind es die Träume, die ich um dich habe?

Engel deiner Träume

Deine Träume folgen dem Wind.

Die Sehnsucht ist überall.

Etwas fehlt.

So unsagbar schmerzt es.

Deine Augen liegen im Dunkeln.

Die Luft, die du atmest, ist ohne Leben.

Jede Erinnerung ist ein Nichts gegen das
wahre Antlitz.

Sehnsucht.

Der Weg der Liebe.

Der Weg der Vollendung.

O, Liebste wo?

Frieden

Du willst deinen Frieden, dann nimm meine
Liebe.

Finder

Hallo! Wo gehst du hin?

Wohin weiß ich nicht, wenn ich wüsste wohin,
keine Qualen wären!

Suchst du etwas?

Ja, ich suche nach Liebe.

Hast du schon gefunden?

Ja, ich habe gefunden, dann aber
weitergesucht.

Warum weitergesucht?

Da war etwas, das ich in dem, was ich fand,
noch suchte. Es machte mich unglücklich.
Was ich hatte, war dagegen nichts wert.

Was genau suchst du denn?

Die Antwort fällt mir inzwischen leicht, nicht
daran gedacht. Gefunden habe ich dich!

Gedanken

Mit wem würdest du ewig leben wollen?
Ich denke an dich.
      Wer soll immer bei dir sein?
      Ich denke an dich.
Sterben nicht allein.
Ich denke an dich.
      Das Wort Liebe erhellt den Raum.
      Ich denke an dich.
Zwei Menschen im Boot.
Ich denke an dich.
      Mit wem alles Glück der Erde teilen?
      Ich denke an dich.
Ein Gespräch über die Schönheit.
Ich denke an dich.
      Ein Stern erhellt die Nacht.
      Ich denke an dich.
Für wen ist dir kein Weg zu weit?
Ich denke an dich.
      Das Wertvollste der Welt.
      Ich denke an dich.
Das Telefon klingelt.
Ich denke an dich.
      Am Morgen wach ich auf.
      Ich denke an dich.
Mein Leben ist schön.
Ich denke an dich.
      Ich bin glücklich.
      Ich habe dich!

Heimlichkeiten

Der Blick schöner Augen, die krause Stirn, das Lachen zur rechten Zeit. Heimliche Signale der ungestandenen Liebe.

Die flüchtige Berührung zur rechten Zeit, das unterbrochene Betrachten, das Schweigen, wenn es viel zu reden gibt.

Heimliche Aufforderung der ungestandenen Lust.

Liebe

Liebe ist das größte Geschenk im Leben.

Nur du sollst entscheiden, an wen du sie wirst vergeben!

Ganz allein nur für dich

Bitte frage mich nicht, woher ich die
Erinnerung nahm!
Gab sie mir der Wind der Welt,
oder weil ich aus dem Universum kam?

Es ist, als wärst du mein erster Gedanke
gewesen.

Das Licht ist mein Begleiter.
Ich habe das schönste Licht gefunden, ich
habe dich!

Was hat das Sonnenlicht aus der Blume
gemacht?
Doch was ist sie ohne - was bin ich nun ohne
dich?

Und ist das Wort der Welt verhallt, meine
Liebe zu dir ist dann Gottesgestalt.

Stolz der Liebe

Ein großer stolzer Vogel schwang über Tag
und Nacht.
Er glaubte an die Liebe, Treue, Ehre und an
das Gute der Macht.

Stark war sein Flug, geschickt sein Gleiten.
Die Gerechtigkeit, die Schönheit, sein Sinn,
klug sein Blick in die Weiten.

Auf einem kleinen Ast ein kleines, schönes
Vöglein saß.
Plustert sein buntes Gefieder, lädt ein den
Vogel zum Spaß.

Lustig miteinander, die beiden.
O welch ein fröhliches Treiben.

Der große Vogel sinnt hierüber, darüber, auch
davon, aber bald nur noch von dem kleinen
Vogels Ton.

Auwei! Er liebt das Vöglein, so herzig und
innig, dass er vergisst seinen stolzen Flug.
Nervös ist er geworden, muss das klare
Denken auf das kleine Ding beschränken.

Lose ist ihm das Gefieder. Der Schnabel ist
beklommen.
Traurig blickt er auf die Erde nieder.
Wird er nie sein Geschenk vom Himmel
bekommen?

Das Vöglein liebt den großen Vogel, es muss jetzt noch lernen, groß zu sein.

Dann endlich werden sie zusammen fliegen. Zwei große, stolze Vögel in Liebe für immer ein.

Liebe und Hingabe

Das auch

Ein Mann tötet sich selbst.

Eine Frau schlägt ihr Kind.

Jemand erschießt seinen Freund.

Eine schreit hysterisch und heult.

Ein Kind läuft davon.

Der Soldat fliegt ein Jagdflugzeug.

Jemand schickt einen Menschen weg.

Ein Mensch ist auf der Flucht.

Er verlässt seine Frau.

Einer wird ans Kreuz geschlagen.

Dieser hat gemordet.

Das auch kann Liebe sein.

Feuer

Und sollte die ganze Welt zusammenbrechen,
die Liebe an dich werde ich nicht vergessen.

So ganz still in mir drinnen brennt ein edles
Feuer!
So ganz still drinnen, du nur du!

Liebe und Tod

Zu spät

O schön, du sinnliche Schönheit, sage mir, wie viel Freude, Leid, Verlangen du schon hast träumen lassen?

Sage mir, warst du schon verliebt, hast du schon gehasst?

O schön, ich liebe dich, du bist so schön. Du herrliche Göttin.

Sage mir, liebst du mich oder hasst du mich?

Du sagst nie mehr etwas. Hätte ich dich doch schon vorher gesehen!

Ich weiß, du liebst mich, ja du hättest mich geliebt, wenn da der Bund nicht wäre. Der Bund mit dem Tod. Deswegen halt ich auch nicht dich in meinem Arm.

Amore Veritas

Wahrheit und Liebe müssen zueinander
stehen.
Darum soll es in ihrem Verhältnis miteinander
gehen.

So werden Wahrheit und Liebe jeweils enden,
wenn sie sich voneinander abwenden.

Wahrheit und Liebe bedingen einander
in einem gegenseitigen, festen Miteinander.

Verlässt eines von den Beiden den Bund der
Treue und Ehrlichkeit,
verlieren sie ihre Wertigkeit.

Dem Menschen soll die Liebe heilig sein und
stets höher stehen als irgendetwas,
dann kann er sagen, er empfindet Amore
Vertias.

Glaube und Religion

An Gott

Die einen hassen, andere wollen sterben.

Ich wünsche, es gibt nicht Arm und Reich.

Ich wünsche, es gibt nicht weiß und schwarz.

Ich wünsche, es gibt nur Rosen.

O hörst du nicht, o siehst du nicht, o weißt du nicht.

Viele hoffen, glauben, lieben.

Viele nehmen, vernichten, töten.

O sag mir! Unser Vater im Himmel!

Geheiligt werde dein Name, dein Reich komme. Dein Wille geschehe wie im Himmel so auf Erden.

Unser täglich Brot gib uns heute und vergib uns unsere Schuld, wie auch wir vergeben unseren Schuldigern.

Und führe uns nicht in Versuchung, sondern erlöse uns von dem Bösen. Denn dein ist das Reich und die Kraft und die Herrlichkeit in Ewigkeit.

Warum tust du nicht? O erlöse uns!

Gefühl

Das Gefühl, da zu sein, ist Leben.
Das Gefühl zu vergehen ist sterben.
Das Gefühl, nicht da zu sein, ist Tod.

Weltlich

Der tote Dichter schreibt nicht mehr.
Sein toter Geist gibt nichts mehr her.

Die Blumen im Meer in Stapeln gelegen.
Der Himmel als Feuer ohne Regen.

Gott in Unterhosen am Zelt.
Bombig entrückt ist die Welt.

Die Arme der Engel voller Last im Tragen.
Zu tausenden schwirren noch die Fragen.

Die Welt gefällt sich fürchterlich nah.
Dieser Vorhang ist noch immer da.

Für immer

Eisern fällt der Regen auf dein kühles Grab.
Es hatte schon begonnen, dein Tod,
als das Leben noch in deinen Händen lag.

Der Erdenhügel auf deinem Wort.
So still und heimlich ist es hier,
so wie damals an jenem Ort.

Halte aus! Halte aus!

Frage ich dich, was ist für dich das Größte,
so wirst du sagen: "Die Liebe war es, die Liebe
und der Tod. Das Leben ohne sie ist nicht zu
tragen."

Eine besondere Finsternis hält dich fest bei
sich. Warte! Das Leben wird wieder nehmen
dich! Halte aus! Halte aus! Wir werden uns
wiederhaben, wie damals, für immer!

Kritik

Die Religion hat der Mensch nicht nur in Kirchen und Büchern manifestiert, zuerst ist sie in ihm.

Aus der stetigen Wiederholung von Lügen wird in der Religion dann schließlich Wahrheit.

Meinung ist die Annahme von Unbewiesenem, Religion ist die Berufung auf sie.

Hilfe und Hoffnung

Hilfe

Du empfindest dein Leben als einen einzigen mageren Strich in die Tiefe deines Seins.

Du hast alles aufgegeben. Hoffnung ist dir fern!

Trostlosigkeit siehst du überall, hast sie sogar ständig bei dir. Aller Welten Unglück lastet auf dir.

Der Sinn ohne Sinn hat gesiegt.

Doch eines ist da noch! Denke an das, was du liebst! Nur du kannst es so lieben! Steh auf!

Das Geliebte ist dein Glück!

Jetzt ist es anders.

Ich für Dich

Sei selig, die Seligkeit ist mein.

Sei glücklich, das Glück ist in meinen Händen.

Bist traurig, ich glaub an das Licht!

Bist voller Angst, der Mut ist in mir.

Sei frei, ich bin gefangen.

Die Liebe hält mich fest!

Hoffnung

Ein Wort - das Lächeln des Kranken

der Anruf der Geliebten

die Note eins in der Klausur

der Kuss des Mörders - die Sonne im Winter

die Sterne am Himmel - ein Blick

die Begeisterung des Freundes

die Zeit, die noch bleibt

das Finden in der Erinnerung

der Schritt zurück des Selbstmörders

das wieder atmen - das Lächeln

der Brief nach langer Zeit

das Treffen eines Menschen

die neue Idee - die Vorbereitung zur Prüfung

der Lottoschein am Freitag

das Geräusch hinter verschlossener Tür

das Umarmen nach dem Streit

Hoffnung bist auch du!

Der Poet

Ich bin Schriftsteller und Dichter, ich muss alles genauer sehen, auch die grellsten Lichter.

Nur das Sehen allein reicht nicht, ich muss darauf achten, dass niemals der Sinn mir bricht.

Dazu geht noch eins hinzu, das ist wichtig, woanders ist es Seele, doch auch hier ziemlich unerklärlich.

Resignation

Resignation ist der Hoffnung Feind.
Die Zukunft ist dunkel, sieht man sie vereint.

Es wird daher kommen, was kommen soll.
Der Weg nach ihr ist qualvoll!

Ohne Hilfe und Hoffnung

Meine Lage ist aussichtslos.

Ich bin gefangen im Ende.

Eine Hilfe ist nicht denkbar.
Ist dies mein Los?

Habe ich wirklich keine Hoffnung,
kommen keine hilfreichen Hände?

Ich kann nichts, absolut nichts für meine
Rettung tun!

Der Schmerz ist unerträglich,
ist mein Leben jetzt vorüber?

Es ist tatsächlich alles vorbei.
Ich bin hinüber, ohne hilfreiches Zutun.

Kommt bitte zu mir und helft.
Ohne euch bin ich verloren,
ihr Menschen, ihr Geister!

Denken und Philosophie

Dunkelheit

Was wisst ihr von der Dunkelheit,

wo ihr das Licht nicht seht!

Was soll uns eine Tür verbergen, die wir nicht sehen?

Geistreich

Will man geistreich sein, dann kommt es vor, dass man ein wenig aufschneidet.

Stahl

Eine Rüstung habe ich mir gekauft. So eine zum Anlegen aus Stahl ist sie.

Damit schütz ich mein weiches Fleisch und meine schwachen Knochen.

Nur für Geist und Seele habe ich noch nichts.

Ich denke, ein böses Gesicht wird vorerst reichen.

Studium

Wenn ich selbst nicht mehr denken kann,
studiere ich das Denken der anderen.

Denker

Ein edler Denker gab einmal alles auf.
Er stand im Leben als Philosoph.

Vor dem Schöpfer ein ganzer Geist.
Er gab die Sucht an die Liebe.

Den Erfolg der Erde an den neu eroberten
Sinn. Den Reichtum an das Werk der Geister.

Geist

Der Geist des Einzelnen, von der Welt
getragen, wie hoch wird er wellen.

Den Geist, den niemand sah, wird sich noch
immer die Beine stellen.

Sendungsbewusstsein

Besessenheit

Aus etwas kam es herangezerrt.

Fegte nur so in mich hinein.

Gibt mir ein ewiges Gefühl!

Schicksal

Besonderer Blick

Was ich in dir sah, war mir manchmal besonders nah.

Wann ich dich entdeckt - weiß ich nicht, aber sicher später als das Licht.

Du trügerischer Schelm, du spiegelndes Ding an der Wand, du hast es in der Hand!

Ein Unfall

… und hätt´ man uns ins All geschossen, irgendwo dort oben hätten wir uns dann doch getroffen.

… und wär´ die Rakete mit dir ins Meer geplumpst, dann wärst du mit ihr an mein U-Boot gerumst

… Ich glaub´ ans Schicksal, dich nicht gefunden, würd´ ich dich noch heute suchen.

Aber ich hatte ja die Wahl.

Wenn nicht, ich tät´ ´ne Reise zu dir buchen.

Hand

Du finstern Mächte Hand, du raubst mir den Verstand.

Lass Gnade vor Schicksal gehen, lass mich einfach stehen.

Lass das Genie ohne dich auf der Welt, aber nur, wenn es dir gefällt.

Diese Freiheit werd ich nützen, dich zu schützen.

Rettung

So manche durchwachte Nacht hat den Tag gerettet.

Kahles Feld

Kahles Feld mit jungem Baum.

Junger Baum zog schöne Triebe, doch Feld hatte keine Liebe.

Junger Baum, nie starke Eiche - nie stolze Tanne sehn. Inmitten kahlem Feld er stehn.

Blicker

Ein faltiges Gesicht hängt zum Fenster raus. Es hat viel gesehen. Unter dem Fenster steht ein Tritt.

Zwei wunde Füße suchen Halt.
In der Zeitung für wenig Geld ein alter Mann in die Tiefe fällt.

Glück

Glück, jetzt habe ich dich gefunden.
Vorbei der Schwermut Lasten jetzt,
ich folge nun einem anderen Gesetz.
Ich fühle mich neu gebunden.

Wie kann ich Fortuna mehr danken,
als für immer glücklich zu sein!
Ein neues Leben ist mein.
Sie erfüllt mein Dasein mit ihren Gedanken.

Hinauf und höher muss ich blicken.
Das Auge des Himmels wird sich auf mich
richten.
Es wird mich sehen, der Fortuna zu berichten.
Sie wird dann Glück mir schicken!

Stern

Ein neuer Stern am Himmel war es gewesen.
Sein Licht noch schwach.
Doch der Astronom hat ihn richtig gelesen.

Daraufhin viele sahen ihn.
Manchen sogar verliebt.
Er ja eigentlich auf alle schien.

Noch so jung war dieser Stern.
Sein Leuchten fröhlich frech.
Doch nicht jeder hatte ihn gern.

Tagträumer

Der Traum der Nacht
steht ihm am Tage die Wacht.

Ist hier, ist dort,
lässt ihn nicht fort.

Solange bis zufrieden ist, der Traum,
dann füllt der Tag vollkommen den Raum.

Die nicht lesen können, das Dunkel der Nacht,
erkennen nicht des Träumers Pracht.

Warten

Die Zeit kaum vergeht,
durch alles Drumherum wird man kaum
belehrt.

Der eine in der Reihe popelt,
die andere ihrer kleinen Tochter eine Apfelsine
pellt.

Glücklich ist der ohne Uhr,
denn der mit ärgert sich bei jedem Blicke nur.

Andere, die an der Reihe sind,
einer freut sich wie ein Kind.

Wie schnell ist doch vergessen, die Wartezeit,
ist man dann fertig und zum Aufbruch bereit.

Doch man selbst sitzt noch da und träumt,
wie viel man doch wohl versäumt.

Doch halt, während dieser Wartezeit schrieb
ich dieses Gedicht.
Warten mit Gewicht.

Leben und Sinn

Bettlage

In meinem Kopf ist keine Leere,

deshalb fehlt mir die nötige Bettschwere.

So mancher Gedanke geht nochmal um.

Ich dreh´ von links nach rechts unruhig herum.

Doch dann Sieger der Schlaf,

als er mein Nachdenken fraß.

Der flotte Käfer

Ein kleiner Käfer krabbelt des Nachts zu der
Jungfrau ins Bett.

Eine Stelle hat er, da ist es besonders nett.

Doch nicht ganz ungefährlich, dort zu sitzen.

Oft des Nachts heben sich von dort die
Spitzen.

Nun ist er tot. Der Käfer hat nicht aufgepasst.

Die Träume der Jungfrau haben wohl zu oft an
die Stelle gefasst.

Vertrauen

Vertrauen auf Vertrauen und du wirst dir ein schönes Leben bauen!

Das, was dir fremd und unheimlich erscheint, ist oftmals dein bester Freund!

Ideal der Liebe

Der Kopf muss das Herz bilden.
Ideal der Liebe.

Göttlich muss die Liebe sein, die die Besten
unter den Menschen bekennen.

Nahe dem vollkommensten Geist ist der
Bürger des Universums.
Der Liebe huldigen ist die einzige Harmonie.

Gefangen in dieser Liebe heißt frei zu sein,
ohne Abstand zwischen Anspruch und
Erfüllung.

Liebe als endloser Augenblick.

Ich werde um das reicher, was ich liebe,
Freundin meiner Seele.

In deinem Herzen ist mir um meine Seele nicht
bange, du bist meiner Seele Harmonie.

Liebe ist die Leiter, auf der wir emporklimmen
zur Gottähnlichkeit.
Das Universum ist ein Gedanke Gottes.

Schönheit

Der Schönheit eines Kindes
ergeben nur dem Licht.

In Angst und Schrecken
gegeben kein Engel am
Himmel zu sein.

Die halbe Hölle hier auf Erden
greift nach der Schönheit
besehen.
Der Besitz verlangt den Preis.

Dann nimm ein wehend
weißes Pferd, stürme durch
die Nacht, bleibe ungesehen.

Expressionismus

Draußen

Ein Haus lehnt am Zaun.

Der Tag hat seine schwarze Decke.

Irgendwo schwingt ein Baum.

Auf ihm rennt eine Schnecke.

Die Welt in der Nacht.

Die Laterne macht es wie die Sterne.

Es liegt, was der Tag nicht vollbracht.

Alles ist voller Häme.

Der Himmel hängt am Mond.

Vor der Kneipe weint ein Kind.

Der kleine blaue Vogel im Käfig turnt.

Tagelohn versteckt im Spind.

Ganz in der Stille ist der Lärm.

Ein schnelles Auto fährt langsam.

Einsame Luft, ich denk´, wovon ich schwärm´.

Der bissige Hund schläft ganz zahm.

Der Nebel sich aufmacht.

Ich bin nicht allein, hab schöne Träume dabei.

Ich wünsche allen eine Gute Nacht.

Schnell gehe ich heim an mir vorbei.

Neuer Tag

Ein neuer Tag.

Ein neuer Mond.

Eine Hoffnung.

Ein Ende.

Ein Glaube an das ewige Leben.

Verlasst euch nicht zu sehr darauf.

Eine neue Liebe.

Ein erneuter Kriegsgedanke.

Erneute Arbeit.

Erneutes Ende.

Ein Glaube an Gottes Hilfe.

Verlasst euch nicht zu sehr darauf.

Der Marsch zur Hölle.

Stählern ist noch der Säbel im dunklen Grab.

Blasses Gebein am Wege.

Am Todesstahl das Blut gekocht.

Das Leben verdampft.

Es stinkt der Tod.

Die Blumen am Wege finden ihren

Weg zur Sonne.

Nacht

Heiße Musik auf die Straße knallt.

Der Verkehr erstickt in sich.

Ein Junge fängt ein Mädchen an.

Zwei irre Typen haben sich einfach lieb.

Ein Dichter schreibt, bis die Nacht vergeht.

Ein Kind sieht Schrecken in der Dunkelheit.

Der Fernseher flimmert vor sich hin.

Ein Diesel nagelt.

Die Ampel wechselt die Farben.

Geschäftsmann die Scheine zählt.

Die Heilsarmee singt ein Lied.

Es tropft der Wasserhahn.

Der Himmel denkt an Regen.

Dunkel ist ein Haus.

Ich hab genug, schaut doch selbst in die Nacht hinaus!

Tagesteil

Sonne bescheint die Wolken.
Alte Beine gehen über müdes Pflaster.
Apotheke.

Irgendwo stirbt ein Philosoph.
Autos rollen.
Jemand denkt an gestern.

Ein Hundeschwanz wedelt.
Ein Hund bellt dazu.
Wind spielt mit den Ästen.

Sonne scheint durch die Wolken.
Auto wendet.
Zwei Augen sehen durch die Gardine.

Viele Schuhe stehen an der Haltestelle.
Die Straße hat ein Ende.
Ein Wahnsinniger wird anders.

Einer bricht auf.
Es denkt Dr. Phil. Nirgendwo.
Anzug hängt hinter Glas.

Staub bewegt sich.
Autos brummen.
Vogel singt sein Lied.

Alles auf einmal.

Verlorenheit des Verlustes wegen

Sag mir was ich fühle!

Ein Schiff am Sternenall, rot, grün, blau.

Tosendes Weltengeschrei!

Mein ich schießt auf alles ein.

Göttlich funkelnder Staub,

unwägbar entfernte, greiflose Masse.

Der Sinn des Geistes.

Knall auf Knall lässt die Tiefe blitzen.

Der zerberstende Blick schaut auf nackte Schwerelosigkeit.

An sich hat es etwas Verschwebendes.

Ein Ende geht zum Anfang und küsst es.

Das wilde Weltengeschrei!

Was weiß er, wovon er nichts mitnehmen wird!

Verlorenheit des Verlustes wegen!

Wintertag

Ich sah aus dem Fenster.

Ein Mann mit einem schwarzen Hut sah
Gespenster.

Der Regen, flach und platt.
Alles dunkelgrau, die Straße wurde glatt.

Die Luft so feucht.
Der alte Kerl auch bei Sonne keucht.

Ein schräger Vogel hängt im Wind.
Der Geile greift sich geschwind ein Kind.

Verdammt nochmal, wann wird es wieder
heller?
In der Dunkelheit fault alles schneller!

Jeder für sich allein.
Auch eng am Damm zu zweien.

Ich habe nichts mehr zu erwarten.
Ich werde springen in den Garten.

Der Hahn sagt guten Morgen

Der Hahn sagt guten Morgen, in jeden fegt der Tag.

Autos hopsen auf den Straßen, manche liegen noch herum. Die Sonne lässt Schatten entstehen. Das Geschehen wartet nicht!

Ich treffe viele Menschen. Der Weg ist rund. Der Wind hat seine Ruhe.

Ich fliege auf dem Gehsteig, renne langsam. Niemand, auf mich wartet, muss nur da sein.

Haus hängt am Himmel, ich schieße hinein. Ich schlürfe mich ein wenig hinweg.

Dabei horche ich ein wenig auf mich. Es denken zu nennen wäre zu laut, zum Schall wäre es zu schwach.

Der Hahn sagt guten Morgen, in alle fegt der Tag.

Sommertag

Witzig warme Würmer in der Erde kriechen.
Wasserwanne wird voller Wasser wellig.
Baby planscht bange lange.

Flügelschlag auf Flügelschlag
Schmetterling sich einer Blume naht.

Sonne scheint schmale Schatten.
Blaue Badehose im Bassin badet.
Trocken hocken Flocken auf den Locken.

Warmer Wind macht heißen Luftzug.
Knorriger Baum hat Nass kaum.
Ein Eis ist nicht heiß.

Genug des Sonnenscheins, die Nacht kehrt
ein.

Politik

Gesellschaft

Die arbeitslose Gesellschaft muss

keine aufgabenlose Gesellschaft sein.

Das, was Eindruck macht, ist oft das Falsche.

Gewinn

Wahrer Sieg doch nur, wenn beide gewonnen haben!

Nicht vergangen

Auf diese Vergangenheit kann die Menschheit nicht Gutes aufbauen.

Guten Tag

Guten Tag, mein Name ist Robotikstahl.

Ich löte, schweiße nach System.

Ich bin zuverlässig, streike nicht und bei
Ausfall gut ersetzbar.
Ich arbeite stets!

Auch das Denken werde ich noch lernen.

Krieg und Frieden

Kompanieführer

Ich bin jetzt fünfundzwanzig Jahre alt, ein guter Student, das Leben macht Spaß!

Das Schicksal macht vor mir nicht halt. Der Krieg, der schon viele fraß.

Ich bin Offizier im Heer.

Eigentlich auch noch ein Kind, möchte tanzen, lachen, lieben und Schönes mehr!

Verantwortung für viele und für mich.

Ich kann es nicht mehr sehen, das Blut.

Kann es nicht mehr hören, das Bombenknallen.

Bin nicht der Freund vom Tod, bin lieb, gebildet - nun ist die Erde rot.

Das Ende überall, nicht nur der nahe Kamerad.

Ich möchte schreien "Frieden, Frieden", doch ich gab den Angriffsbefehl, welch Verrat!

Ich glaube, ich mache Schluss.

Erwarte meinen Todesschuss!

Krieg und Liebe

Es sind nicht wenige Menschen, die sagen
im Krieg und in der Liebe sei alles erlaubt.
Die ein Vergehen tatsächlich wagen
und man ihnen die Rechtfertigung dann
glaubt.

Doch was ist die Liebe ohne feste humane
Regeln, die in der Tat Güte und Wahrheit in
ihrem Wesen als Prinzipien vertritt?

Welch ungehörige Ähnlichkeiten sollen
zwischen Krieg und Liebe liegen,
wo es allerdings zwischen ihnen eine tiefe
Kluft gemäß ihren Differenzen gibt?

Krieg ist nicht Liebe und Liebe kein Krieg,
sie sind gemäß ihrem Wesen Gegensätze, ja
sie sind zueinander Antipoden!

In der Liebe geht es nicht um Eifer, Vorteil und
Sieg, keine Strategie und Taktik diktiert sie
und sie ist auch nicht verlogen!

Krieg ist die Brutalisierung von
Missverständnissen.

Schlagwörter und Sprüche

Fürstlich

Nicht alles ist fürstlich, nur da es ein Fürst tat, aber dadurch ausgezeichnet, in einer Art, die es fürstlich erscheinen lässt.

Gestern

Gestern trank ich eine Flasche Wein und war nicht allein.

Ich

Sicher, ich bin ausgeglichen, auch angeglichen, ebenso ausgewichen, losgerissen, das aber nur ein wenig.

Irre

Um wie viel verrückter ist doch der, den alle für verrückt halten.

Lügner

Wenn man den Lügner liebt, muss man mit der Lüge leben.

Klitterung

Ich hoffe, es werden sich niemals Historiker darüber streiten, ob Napoleon mit einem Benz oder einem Daimler zur Schlacht von Waterloo gefahren ist.

Leben

Das Leben macht krank und am Ende stirbt man daran.

Irrtum

Wo der Irrtum aufsitzt, kann das Pferd nicht auf dem rechten Weg sein.

Kopf

Ein leerer Kopf füllt sich am leichtesten mit Blödsinn.

Glauben

Was der Mensch nicht weiß oder nicht wissen will, ersetzt er durch Glauben.

Träume

Was nicht gehört, gut, das kann man nicht verlieren.

Doch schlimm, wenn man es nie bekommt, die Träume verliert man doch nie!

... und da wäre noch ...

Ich wusste, wie du mich verstehst.

Das Ende ist da, wo das andere anfängt.

Nicht die Zeit vergeht, sondern du.

Zeit ist Bewegung!

Nachdenken allein reicht nicht.

Leere ist, wenn nichts da ist, aber was ringsherum.

Gestern war vergessen, heute noch nicht vorbei und an morgen dachte er noch nicht.

Die Vergangenheit ist manchmal verdammt schnell.

Jemand, der viel spricht, sollte auch viel zuhören!

Ein Ende geht zum Anfang und küsst es.

Wir küssten uns unter einem starken Eichenbaum und wir waren beide keine Frauen.

Überzeugung ist Zeugung.

Die Lebenden fragen nach dem Tod. Ob die Toten nach dem Leben fragen?

Zu vornehm, um böse zu sein.

Manchmal habe ich Sehnsucht, wenn die wüssten, wonach!

Alle Welt macht es, doch niemand kann es begründen.

... sich mal einfach treiben lassen.

Wer die Macht hat, muss sie zeigen.

Was können die Kinder dafür, dass die Erwachsenen ihre Kindheit vergessen haben?

Du willst deinen Frieden, dann nimm meine Liebe.

Verpflichtungen sind wie Übergewicht,

Kommt ihr auch noch zu mir, wenn ich irre bin?

Das Nichtwollen ist ja so stark!

Manchmal bin ich ganz weg, da finde ich mich selbst nicht mehr.

Es ist furchtbar, immer so tun als ob!

Was ein Mensch gern geworden wäre, prägt ihn wohl mehr als das, was er geworden ist.

Bildung ist das Terrain der Intelligenz.

Manchmal denke ich Sekundenweise stundenlang an dich.

Wer nichts hat, kann nur gewinnen.

Und wären alle Menschen gleich im Geist, im Charakter und vor allem äußerlich, so würden sie sich Unterschiede anheften.

Wer mit einem Krokodil befreundet ist, soll sich nicht wundern, wenn er gebissen wird.

Keine Angst vor der Perfektion, man erreicht sie ja doch nicht!

... und saß oft auf dem Fensterbrett.

Die Laterne vor meinem Haus

Grafiken: Detlef Lichtenstein

Kurzgeschichten

Blutige Treue

Ich war schon seit langem allein. Wie oft das abends saß ich verträumt im Lehnstuhl und dachte eigentlich an gar nichts.

Das Kerzenlicht beschien nur fahl den Raum. Ich liebte diese halbdunkle Atmosphäre. Doch an diesem Abend sollte ich nicht allein bleiben. Ein Kratzen ließ mich plötzlich aus meinen Abendträumen erwachen. Ich lauschte angespannt. Vom Eingang kam es, ja, von der Tür kam es her. Schnellen Schrittes, erwartungsvoll, ging ich hin zu ihr. Das Kratzen hielt inne und ich öffnete. Das Knarren der alten Scharniere verlief in ein Miauen, wie es Katzen von sich geben.

Der Luftzug erlosch mein Kerzenlicht und die Dunkelheit brachte mir ein ausgehungertes haariges Katzenbündel. Ich wollte sie sogleich bitten einzutreten, doch das Ding wartete nicht auf eine Einladung, sondern es tat so, als wäre es hier bei mir schon öfter gewesen.

Wir freundeten uns schnell an. Die Katze, so soll sie im Weiteren heißen, denn einen Namen gab ich ihr nie, wurde Gefährtin, Freundin.

Bei all meinen düsteren Gedankenausblicken schien mich dieses Tier zu verstehen.

Sie gedieh schnell zu einer liebreizenden Katzendame mit seidig glänzendem Fell und feurigen Augen. Sie schlief, fraß, hörte mir zu und saß oft auf dem Fensterbrett.

Nach einer Weile setzte sich das Geschehen um sie fort. Die Nacht war kalt, ich erwachte durch das Schlagen eines offenen Fensterflügels. Der Wind brachte seine Kraft in mein kleines Schlafzimmer. Ich stand auf, wollte dem Spuk ein Ende bereiten; in der Dunkelheit ging ich zum offenen Fenster.

Da! Eine Stimme rief meinen Namen. Wie vertraut war doch ihr Klang. Ich schauderte, war entsetzt, die Stimme meiner schon lang verblichenen Frau! Eilends schloss ich das Fenster. Es war mächtig kalt. Wie von Sinnen wollte ich der erdrückenden, Unheil bringenden Dunkelheit entfliehen, entfachte eilends das Licht einer Kerze.

Da, ja da, stand meine Frau! Ihr mir so vertrauter Liebreiz, ihre zarte Stimme, wie wahr! Ihr Äußeres zeugte von Leid, sie war blass und schwach. Ein Luftzug, ich hatte das Fenster wohl nicht richtig geschlossen, erlöschte das Kerzenlicht und der Schrecken war vorbei. Meine Katze miaute scheußlich.

Die folgenden Tage verstrichen nicht, ohne an dieses Geschehnis denken zu müssen. Aber irgendwann dachte ich nicht mehr daran. Doch es sollte mir schnell in Erinnerung kommen und Neues mich noch mehr entsetzen.

Es war spät am Abend, ich hatte für die Buchführung noch einige Berechnungen zu erledigen. Die Nacht war ruhig, der Tag zuvor voller Sonnenschein. Durch grauenhaftes Schreien meiner Katze wurde ich bei der Arbeit gestört. Sie lag etwa zwei Meter von mir entfernt auf dem Fußboden, wand sich unter Schmerzen, und wie schrecklich, als hätte jemand einen Amboss auf sie geworfen, platzte sie aus dem Fell und ergoss sich auf dem Boden. Ich konnte schwer an mich halten, sonst hätte ich laut geschrien.

Doch ihr Bild entschwand und aus Nebel entstand erneut meine Frau. Ihre Augen waren gläsern und starr. Sie sprach nicht. So war es wenige Sekunden. Dann ging sie schlagartig in Auflösung über und aus ihren Resten entstand unter Wehen meine Katze.

Von nun an war ich verrückt, einfach irre. Ich konnte nicht mehr arbeiten. Angst war mein Leben. Die alles verdrängende Angst machte mich zum Mörder!

Schon lange gab ich der Katze keinen Bissen mehr, halb verhungert saß sie auf ihrem Lieblingsplatz, die Fensterbank und sah ins Freie.

Ich öffnete das Fenster, sie sprang ohne zu zögern hinaus und zerschellte auf dem Pflaster des Hofes.

Eine Veränderung ging jetzt in mir vor. Schnell wurde ich sie, sah mit ihren Augen. Ja, ich war eine Katze, sprang aus dem Fenster meiner Katze nach. Unser Blut wurde eins. Meine Frau hatte mich wieder!

Das Versprechen

Meiner Freundin hatte ich versprochen, noch am selben Tag zu ihr zu kommen.
Als ich erwachte, das Buch, das ich las, war noch fest in meinen Händen, fiel mir diese Zusage, dieses geliebte Versprechen, ein.

Lange musste ich auf dem Sofa geschlafen haben. Die Uhr auf dem Kamin zeigte kurz vor zwölf Uhr. Bald musste es Mitternacht schlagen. Schnell war ich daher bereit zu gehen; ich hatte auch den Regenschirm gefunden.

Vor dem Haus schlug mir ein eisiger Wind entgegen. Es war mächtig kalt, so richtig ungemütlich. Doch der Weg war hell, der Himmel wolkenlos. Alle Sterne hätte man zählen können, und der Vollmond strahlte mit hellem Licht.

Meine liebe Tante starb jetzt vor ungefähr drei Jahren. Seitdem lebte ich in ihrem geräumigen, einsamen Haus, das sie mir überlassen hatte. Es ist ein schönes, prachtvolles Gebäude auf einem großen Grundstück mit einem stattlichen Portal. Es zu vermieten oder herzugeben, nie käme mir das in den Sinn. Das hatte auch meine Tante gewusst. Dem Haus gegenüber liegt der große Stadtfriedhof. Von ihm geht Unbehagen und Schwere aus.

Er wurde schon vor über einhundert Jahren angelegt. Dort hat meine Tante ihre Ruhestätte.

Gehe ich zu meiner Freundin, führt mich der Weg durch diesen Friedhof an dem Grab der Tante vorbei. Am Tag nahm ich den großen Hauptweg, und so führte er mich fast geradlinig zu dem Haus der Freundin.

Längs dieses Weges kannte ich jeden Grabstein; die Inschriften darauf hätte ich auswendig daher sagen können. Mir war das alles vertraut, warum dachte ich darüber nach?

Die Laterne vor meinem Haus strahlte glitzernd soweit sie konnte, das andere blieb im Dunkeln verborgen oder der Mond nahm wie heute die Schatten. Meine schnellen Schritte hallten fremd in die stille Nacht hinein und schon war die gepflasterte Straße überquert.

Der Eingang zum Friedhofsgelände war verschlossen; in der Nacht goss hier wohl sicher niemand Blumen. So musste ich, die Friedhofsmauer zu übersteigen war fast unmöglich, einige Meter neben dem großen Tor durch ein Loch in der Mauer kriechen. Denn ich wollte ja nicht einen mich verspätenden Umweg um den Friedhof machen.

Ich schüttelte und klopfte den Schmutz von meiner Kleidung. Nach links musste ich gehen, um dann wie gewohnt den Hauptweg einzuschlagen. Doch zuerst musste ich mich durch hartes, dorniges Gestrüpp zwängen, welches in dieser Jahreszeit noch keine Blätter trug.

Mit Mühen war der mir bekannte Weg erreicht. Wie schon von mir geplant, rannte ich nun, meinen Regenschirm am langen Arm führend. Die feuchte Luft ließ mir jedoch bald keinen Atem. Die vertraute Gegend, gehüllt in die Schwärze der Nacht, war mir fremd, machte mir Angst.

Von der gewohnten Zeit des Weges hätte ich schon am Ende des Friedhofes sein müssen. Der helle Stein über dem Grab des Bürgermeisters zeigte mir, noch nicht mal die Hälfte des Weges lag hinter mir.

Angst, jetzt erfuhr ich, was das wirklich ist. Vergleichbare Gefühle, die ich bisher dafür hielt, waren nur nacktes Herzklopfen gegen diese lähmende schreckliche Angst! Beinahe war ich gehindert weiterzugehen, wäre da nicht die Liebe zu meiner Freundin gewesen. Die alte Kapelle lag rechts des Weges. Ohne das Licht in deren großem Fenster hätte ich sie trotz des Mondscheins nicht gesehen. Licht? Es war Licht in der Kapelle!

Hatte man vergessen, die Kerzen zu löschen? Da sie nicht weit ab vom Weg war, gab ich meiner Neugierde nach, verdrängte meine Angst, um dieses Geheimnis zu lüften.

Als ich näher kam, bemerkte ich, dass nicht nur das Licht diese alte Kapelle verriet, sondern auch laute Stimmen, die grell und gespenstisch durch das Fenster klangen.

Ich plante, dieser ominösen Sache ernsthaft auf den Grund zu gehen! Dazu wollte ich zunächst durch das Fenster sehen.

So zwei Meter war dessen Fensterbrett vom Erdboden entfernt. Das Gitter von dem Kellerloch unterhalb des Fensters ermöglichte mir, als ich darauf gestiegen war, meine Nase und damit meine Augen über den Fensterrahmen zu strecken.

O Schreck, was bot sich mir da! Der Raum der Kapelle war festlich beleuchtet, eine große Tafel mit allerhand feinen Esswaren beherrschte den Ausblick und an ihr saßen, mit bleichen Gesichtern, meine Tante, der Bürgermeister und all jene, die doch tot unter den Grabsteinen liegen. Sie waren allesamt sehr lebendig, sogar vergnügt!

Nach einigem Beobachten erkannte ich den Anlass des Festes. Der Schullehrer Lampe war heute bestattet worden. Er war nun einer der eigentlich Ruhenden. Sicher musste das gebührend gefeiert und gewürdigt werden.

Die schwarze Jacke

An diesem Tag erwachte ich recht ausgeruht.
Nicht wie sonst, nach viel zu kurzer Nacht,
übernächtigt voll Schwere und Müdigkeit.
Das Zimmer war hell. Die Sonnenstrahlen, die
durch die Spalten der Rollläden in mein
Zimmer fielen, erweckten meine Heiterkeit.
Ich setzte mich aber doch zuerst auf die
Bettkante. Gleich nach dem Aufwachen wie
ein junger Gott aufzuspringen, um dem Tag
entgegenzulaufen, war auch heute nicht meine
Art.

Den Dingen, die ein Mensch am Morgen
verrichtet, ist er ja oftmals geistig nicht
habhaft. Dies wohl sicher deshalb, da er sie ja
jeden Tag verrichtet. Ob man sich die Haare
gekämmt hat oder nicht, weiß man aus der
Erinnerung heraus meist nicht zu beantworten.
Doch ein Blick in den Spiegel versicherte mir
auch heute, ich habe es nicht vergessen!

Das Einzige, was heute anders war, dass ich
gut geschlafen und außerdem noch geträumt
hatte. Ich dachte darüber nach und als ich
alles um mich herum vergaß, löste sich
langsam das Vergessen.
Ich konnte mich an meinen Traum erinnern.
Da war zunächst nur etwas Schwarzes. Bald
nahm es eine Form an. Eine schwarze Jacke.
Eine Jacke aus Leder. Sie war mit Blut
verschmiert.

Alles Schwarze hatte für mich etwas Dämonisches. Man sagt ja sogar, Schwarz ziehe die bösen Geister an! Warum nur dieser Traum?

Na ja, inzwischen war das Teewasser heiß, und beim Aufgießen kam nicht alles Wasser in die Kanne, sondern verbrühte mir leicht die Hand.
Dann ging es aber voran wie gewohnt. Bedenken haben oder gar Sorgen wegen eines Traumes? Nein!

Ein Freund kam mit seinem Motorrad und wir fuhren gemeinsam los.

Dunkelheit, die nur zaghaft von einem Lichtstrahl durchbrochen wurde. Es war gerade hell genug, um eine schwarze Jacke zu erkennen, die über einer Stuhllehne hing.

Sie war verschlissen, schmutzig und Blut haftete an ihr. Genau auf dieses schreckliche Ding traf nun direkt ein Licht, sonst war es dunkel im Raum. Dieser Lichtschein bekam ganz plötzlich Kraft und Größe; das Zimmer war hell beleuchtet. Ich konnte darin alles genau erkennen. Eine junge Frau hatte die große Tür zu meinem Raum geöffnet.
Sie trug einen weißen Kittel und schritt schnell auf eine Liege zu. Sie entfernte ein weißes Tuch. Das bin ja ich! Wie furchtbar, ein schrecklicher Traum! Aufwachen, erwachen!

Göttin

Am zweiten April war mein Hochzeitstag.
Welch ein Hochmut! Meine Göttin folgte mir
zum Traualtar. Sie gab mir ihr Jawort. Ich war
überaus glücklich!

Wie schön sie doch war. Sie war groß und
schlank, ihr Gang voll Schwung und Richtung.
Ein Körper von anmutiger Zärte. Ihre Haut voll
holder Reinheit. Unter ihrer hohen Stirn
funkelten zwei wissende, rehbraune Augen.
Ihre Nase trat trotzig aus dem sonst so
harmonischen Gesicht hervor. Der Mund so
flach und dennoch so rot, man wollte nur ihn
küssen und in Begierde bringen.
So war ich recht verliebt und keinen Moment
an ihrer Liebe zweifelnd, sagte ich ja zu einer
Zukunft mit ihr.

Von Jahr zu Jahr wurde ich mir ihrer
Überlegenheit mehr und mehr bewusst. Was
sie doch alles beherrschte. Sogar in meiner
Wissenschaft gestand ich ihr oftmals Rechte
zu. Voll von Stolz war meine Hingabe an sie.
Ich hatte mit ihr einen Menschen, der mich
verstand.

Obwohl sie meiner Unfertigkeit wusste, liebte
sie mich über allen Maßen. Von ihr erfuhr ich,
was dauerhafte Liebe ist.
Doch es kam anders!

Wie ein mysteriöser Schatten fiel es in mein Leben. Eine unbekannte Krankheit, von der meine Frau nicht mehr geheilt werden sollte. Alles war mein Denken, nur nicht eine womöglich todbringende Krankheit meiner großen Lebensliebe!

Meine Göttin nahm beständig ab, an Körper und Geist. Doch je stärker der Tod um sie rang, desto inniger, graziöser wurde unsere Liebe, unser Lebensband. Die nächtliche Wacht bei ihr ließ mich nachdenken; brachte sie mir unsagbar nahe, so nah wie ich es selbst nicht recht verstand. Wie soll ich es wohl niederschreiben?

Ich war trotz allem glücklich, an manchen Tagen sogar frohen Mutes.
Der Arzt hatte wenig Hoffnung. Doch ihr ging es dann wieder besser und besser, so als hätten meine Göttin Krankheit und Verderben nie heimgesucht. Sie kam wieder zu Kräften, an eine Genesung, sogar an Spaziergänge im Park war wieder zu denken. Doch von allen schönen Ereignissen wollte sie nichts wissen. Stattdessen sprach sie unaufhörlich auf ein Thema an. Ein Thema mit so schrecklichem Inhalt! Wie gepeinigt war sie doch!
Ich versuchte sie davon abzubringen und bat sie darüber zu schweigen. Doch dann, wohl aus Neugierde, gewährte ich ihr das horrende Erzählen.

Sie war noch immer undenkbar klug! Ihr Geist war so wie immer zuvor. Nächtelang hörte ich ihr zu, war ganz im Sinnen auf sie. Welch grauenvolle Welt sie doch kannte!

Das war es also, worum die Menschen rätselten, worauf auch die Wissenschaft erpicht war. Nun wusste ich alles. Meine Göttin und ich waren Eingeweihte.

Doch sie sollte in einem ruhelosen Siechtum enden und schließlich von mir gehen. Ich werde erst erzählen können, kurz bevor ich zu ihr gehe. Sie ließ mich hier. Ihre Liebe zu mir war grenzenlos!

Unerwarteter Besuch

Er kam, ohne anzuklopfen. Wann genau kann ich nicht sagen. Auch hat der Schreck mir viel Erinnerung genommen an ihn, wie er plötzlich in meinem roten Sessel saß. Er stellte sich vor, sonst hätte ich ihn nicht erkannt.

Ich ließ ab von allem, legte mein Buch aus der Hand und sah auf zu ihm. Alles war verwischt, meine Gedanken, Sorgen, Nöte, Ängste und auch meine Liebe. Es gab nur noch ihn!
Er sprach schon eine Weile nicht mehr zu mir. Das war auch nicht nötig; ich wusste doch, was er wollte.

Ich konnte nicht den Blick von ihm senken. Kein Mensch schuf je ein Bildnis so schön!

Stille, kein Laut war zu hören. Er sprach weiter zu mir, langsam und majestätisch, erhaben. Eine Rechenschaft wollte er von mir! Ich begriff schnell, worum es hier ging, um mein Leben!

Aber doch, ich war weiter ruhig wie zuvor. Ich sammelte blitzschnell die Erinnerungen meines Lebens, sie liefen wie ein Band vor mir ab. Viel Vergessenes tat sich dabei auf. Das alles sprach ich zu ihm.

Seine Augen strahlten, sie bezeugten mir so viel Liebe und Wärme. Er verstand mich. Wer sonst hätte mich so verstehen sollen wie er? Er liebte mich!

Ich nahm mein Buch, war allein, ohne ihn. Er nahm mich nicht. Aber seit damals wusste ich von ihm. Er war mein Freund und kommt zurück zu mir, nimmt mich in sein Totenreich.

Hintergründe und Anmerkungen

Ab hier können zu den Titeln Informationen und Kommentare gelesen werden.

Liebe und Freundschaft

Am liebsten

Die hohe Emotion der Liebe steht hier in einem Verhältnis zu Sinnlichkeit, Denken und Fantasie, die allesamt geliebt werden, doch die Liebe zum Menschen wird hier als die vornehmste erklärt.

Boten der Liebe

Das Gefühl der Liebe zu einem Menschen ist durchaus Schwankungen unterworfen. Sie ist stets Anspruch und Sein ergeben und definiert sich dauerhaft neu.

Engel deiner Träume

Eine emotionale Bindung zu einem Menschen wird durch dessen Abwesenheit oder gar Verlust erheblich beeinträchtigt.
Wie kann sich wohl der Weg dieser Verbundenheit, mit deren Vertrauen und Leidenschaft in einem Verlust fortsetzen?

Finder

Ein plötzlicher und unerwarteter Kontakt zu einem Menschen kann der Höhepunkt einer Suche und eines tief empfundenen emotionalen Begehrens sein, indem er beendet und gleichzeitig erfüllt.

Frieden

Hier spricht der Liebende Großmütigkeit aus, die verlässlich Freiheit, Geborgenheit und doch Verbundenheit ohne Gebundenheit gibt und ohne Hierarchie daher nicht gewähren soll und wird.

Gedanken

Mit diesen Worten wird Liebe nahezu allumfassend, eingebunden in möglichst jede Lebenslage, empfunden und erklärt.

Heimlichkeiten

Lust auf einen Menschen kann kommuniziert werden, subtil, beinahe verdeckt, und doch erkennbar für die innere und äußere Kommunikation.

Ganz allein nur für dich

Höchster Anspruch erklärt sich berechtigt und daher bereit zur Göttlichkeit und daher zu menschlicher Überheblichkeit und Maßlosigkeit. Aber woher soll ein Vergleich genommen werden zu einer bedeutenden Emotion, die nicht tiefer und damit höher empfunden und kommuniziert werden kann?

Die Liebe hat dann Gottesgestalt! Das ist doch großspurig! Menschen schwören sich doch ihre Liebe ewiglich und ist nicht auch ihr Gott ewiglich? Wie kann es da anmaßend sein, selbst der gewissen Vergänglichkeit unterworfen, soll doch die Liebe dem Vorbild an Unvergänglichkeit überhaupt folgend, ewig währen!

Stolz der Liebe

Diskrepanz kann Liebe aufgrund einer Differenz zwischen Anspruch und Sein vereiteln, verhindern.
Doch Entwicklungen in der Zeit können beide Seiten annähern und zusammenführen.

Liebe und Hingabe

Das auch

Hier soll geschrieben sein, wie mannigfaltig
sich Liebe - auch deutlich im Widerspruch zum
Verständnis derer - in Taten, Verhalten und
Erdulden offenbaren kann.

Der Poet

Sinnlich analysieren und kreativ formulieren,
so soll dies geschehen als Ideal; dabei wertfrei
bleiben, Blendungen und Dogmen egalisieren,
nach Wahrheit streben. Doch wie geschieht
dieser Prozess als innere Leistung des
Menschen? Wie lässt sich diese Unbekannte
bewahren?

Feuer

Die Konzentration auf den geliebten
Menschen, steht als Gegensatz und
Konzentration als Mittelpunkt zu einem
Verlust, einem Schmerz, gar einem Verzagen.
Sie ist die erhabene Relation zu Unbill und
zeigt sich als wichtige Größe.
Diese Liebe kann der letzte Gedanke eines
Menschen sein.

Liebe und Tod

Zu spät

Das Bild einer für mich schönen Frau auf einem Amulett aus fernen Tagen hat mich zu diesem Gedicht inspiriert.

Der Akteur gefesselt in einem andauernden Traum zur Vorstellung, diese Frau für sich zu gewinnen. Das regt ihn zu dieser Inspiration an.

Amore Veritas

Das Gedicht ist eine aktuelle Ergänzung zur Buchveröffentlichung meiner gesammelten Schriften.

Amore Veritas ist die Schlussformel eines Briefes meines Großvaters Erich Lichtenstein an seine Frau. Wahr soll doch die Liebe sein! Die Liebe berechnet und lügt nicht!

Glaube und Religion

An Gott

Der Gegensatz zwischen Gut und Böse möge durch die Hilfe Gottes mittels des "Vater unser" aufgehoben sein.

Gefühl

Leben und Sterben und Tod sollen hier nicht rational angegangen werden; Fühlen soll den Zugang bestimmen.

Weltlich

Die Welt und die Erde sind vergangen. Die Zeit davor blieb und bleibt danach ohne erlösenden Dialog mit Gott.

Für immer

Hoffnung durch Liebe, die den Tod überwinden wird und zu neuem Leben der Liebenden in Gemeinschaft führt.
Das Leben greift in Liebe heraus aus der Finsternis!

Kritik

Menschen brauchen Glaube, Hoffnung und Liebe, die Religion gibt sie ihnen. Sie beruft sich dabei auf ihre eigenen Vorstellungen, Auslegungen und Behauptungen.

Hilfe und Hoffnung
Hilfe

Eine persönliche Ansprache an den Leser, die ihn über seine Besinnung auf seine innere Liebe gegen Melancholie bewahren soll.

Ich für Dich

Die Liebe zum Menschen steht auch hier im Mittelpunkt des Lebenskreises; sie hilft, bewahrt und steht treu und fest in Empathie zum geliebten Menschen.

Hoffnung

Der Mensch benötigt beim Ausblick in seine Zukunft positive Visionen; sie helfen ihm, einen aktuellen Status zu modellieren. Die Inhalte dieser Versfolge zeigen die Mannigfaltigkeit der Hoffnung.

Der Poet

Die Welt ist ja nach Schopenhauer "die schlechteste aller möglichen Welten", und gar weiter nach ihm:

"Wäre die Welt noch schlechter, wäre sie nicht mehr möglich.", sie ist ein "belastendes Konstrukt" und das umso mehr, man sich mit ihr forschend und beschreibend auseinandersetzt, da ja nicht nur gesehen, sondern auch gefühlt wird!

Resignation

Wird die Hoffnung in der Entwicklung der Zukunft für Menschen durch Resignation und Mutlosigkeit getrübt, kann der weitere Weg beschwerlich werden. Defätismus kann sich beim Übergang auf andere Menschen multiplizieren und niederreißen.

Den Inhalt zu "Resignation" habe ich zur Zeit der Buchveröffentlichung geschrieben.

Ohne Hilfe und Hoffnung

Ein Mensch in absoluter Not! Ich gebe einen Ansatz zum Empfinden eines Menschen in aussichtsloser Lage. Der Text ist depressiv formuliert und dokumentiert den kritischen Zustand als Resignation ohne Hoffnung auf Hilfe. Es wird keine Hilfe kommen!

Denken und Philosophie

Dunkelheit

Dieser Text ist ein Appell an Menschen, die das Gute nicht erkennen und würdigen, es gleichsam als allzeit gegeben, ja in Normalität empfangen und nutzen. Sie sollten nicht blind und ignorierend mit dem Schlechten umgehen, wenn es andere betrifft.

Geistreich

Menschen haben eine Informationsignoranz, wenn sie die Inhalte schon kennen, wenn sie anderer Meinung sind, der Inhalt nicht interessiert oder wenn sie aus nicht akzeptierter Quelle kommen. Zur Akzeptanz der Information wird der Inhalt mit Unbekanntem, mit Schmeichelei oder Vorteil gemischt - er ist dann eben geistreich.

Stahl

Der Menschen, der in einer für ihn als feindlich empfundenen Umwelt lebt, legt sich "physikalisch" einen Schutz an. Dieser Schutz kann Anpassung, Widerstand oder "Unsichtbarkeit" sein.

Zur Vollendung gleicht er noch dazu den Ausdruck seines Gesichtes an. Eine weitere Form wäre die Offensive, die Aggression - die werden hier jedoch nicht angeführt!

Studium

Zur Erläuterung zitiere ich hier Henry Ford: "Denken ist die schwerste Arbeit, die es gibt. Das ist wahrscheinlich auch der Grund, warum sich so wenig Leute damit beschäftigen."

Leichter ist es wohl, das Denken Anderer anzunehmen und schließlich auch als Meinungsbild zu übernehmen.

Denker

Der schnöde Mammon ist hier nicht die Grundlage eines denkenden Geistes. Eine bewusste Orientierung hinweg vom Reichtum der Materie hin zum Wert der Geisteskraft ist Realität geworden.

Geist

"Der Rufer in der Wüste" ist hier mit seinem Empfinden angesprochen. Wie geht es ihm?

Sendungsbewusstsein

Besessenheit

Gibt es eine innere Leitidee für das Leben eines Menschen, gleichsam einen Fahrplan, unbewusst und doch bestimmend und wirksam?

Schicksal

Besonderer Blick

Ein Blick in den Spiegel kann Wahrheit zeigen. Geläufig ist, jemandem den Spiegel vorhalten, sodass er sich, wenn möglich, selbst erkennen möge.

Im Gedicht legt der Spiegel das Auge des Betrachters aus und gibt ihm je nach dessen Einstellung zu sich selbst ein Bild nach seiner Fasson wieder.

Ein Unfall

Der Musik-Titel "You Dropped A Bomb On Me" der amerikanischen Band namens "The GAP Band" verheißt nichts Gutes. Dem gegenüber steht jedoch der Text, der nichts anderes als eine Begeisterung für eine Frau beschreibt.

Das ist konfus, so wie auch die Überschrift zum Gedicht "Ein Unfall" zu dessen Inhalt. Denn ein Unfall ist allgemein geläufig ein unvorhergesehenes, schädigendes, meist plötzliches Ereignis, welches auf Menschen und Sachen negativ wirkt. Doch auch hier ist ein Unfall ein Anlass zur Freude!

Hand

Muss ein Mensch, bezogen auf sein Schicksal, nicht doch den Eindruck haben, dass Unerfreuliches, überdies Böses aus einem unsichtbaren Bereich, aus einer bösartigen Ebene herrührt?

Der Spruch an die finsteren Mächte und somit an deren Wirkung soll hier Ungemach vorbeugen, noch mehr, Verderben vollkommen ausschließen. Gleichsam einem Tausch wird dafür Bedeckung angeboten.

Rettung

Das Ergebnis der schlaflosen Nacht als ein Ereignis ist oft ein für den folgenden Tag erfreulicher Umstand. Hat sich dieser aus dem Inneren des Schlaflosen als Idee und damit seiner Einstellung, seiner Handlung, seinem Verhalten oder aus den folgenden Umständen ergeben, so ist es doch eine positive Lösung.

Kahles Feld

Wird ein Mensch, besonders in seiner Jugend, nicht gefördert, wird er vernachlässigt, so kann er seine ihm gegebenen Anlagen nicht entwickeln.

Blicker

Goethe schrieb: "Das Alter ist für mich kein Kerker, sondern ein Balkon, von dem man zugleich weiter und genauer sieht." Zum Alter äußerte er aber auch:
"Das Menschenleben ist seltsam eingerichtet: Nach den Jahren der Last hat man die Last der Jahre."
Das Gedicht beschreibt diesen Zwiespalt zwischen der Sichtweise eines alten Menschen und dessen Beobachtungsgabe in Relation zu seiner inneren Befindlichkeit, die ihn den Halt im Leben verlieren lässt.

Glück

Den Zugang zum Glück erhalten Menschen
durch ihre persönliche Einstellung zu den
Inhalten ihres Lebens in Bezug zu ihren
Wünschen, Erwartungen, Planungen und
Hoffnungen.
In Anbetracht und Wirkung einer persönlichen
Beziehung zu Lebensereignissen kann ihnen
jeweils ein inneres Glück bewahrt werden.

Stern

Eine Neuerung geht an die Öffentlichkeit,
erreicht Menschen in großer Zahl und entfaltet
eine positive Wirkung, diese allerdings nicht
ausnahmslos für jeden.

Tagträumer

Das Gedicht nimmt sich der Äußerung von
Gustav Freytag an: "Man sage nicht, dass
unser Leben arm sei an poetischen
Stimmungen; noch beherrscht die Zauberin
Poesie überall das Treiben der Erdgeborenen.
Aber jeder achte wohl darauf, welche Träume
er im heimlichsten Winkel seiner Seele hegt,
denn wenn sie erst groß gewachsen sind,
werden sie leicht seine Herren, strenge
Herren!"

Hat sich der Traum, die Vorstellung realisiert, sind sie bestimmend; das können sie ebenfalls aus dem Verborgenen heraus sein und das sehr mächtig!

Warten

Oje, warten kann unerträglich sein! Was macht man nur, wenn man so dumm die Zeit vergehen lassen muss? Was stellt man an? Sinnvoll!
Während einer Wartezeit habe ich diese Zeilen geschrieben.

Leben und Sinn

Bettlage

Nimmt man den Alltag mit ins Bett, ist man eigentlich schlecht beraten. Was soll getan werden, damit Ruhe einkehrt?

Gedanklich eine Lösung, die nur theoretisch sein kann, entwickeln oder ganz dreist raus aus dem Bett und aktiv sein.

Der flotte Käfer

Einfach ein frivoler und heiterer Inhalt.

Vertrauen

Hier ist mein erster von mir geschriebener Sinnspruch veröffentlicht.

Ideal der Liebe

Hier kann man auf einen wesentlichen Inhalt im Neuen Testament der Bibel Bezug nehmen. Es ist das "Hohe Lied der Liebe".

Dort veröffentlicht und nachzulesen im ersten Brief an die Korinther Vers 13.

"Die Liebe ist langmütig und freundlich, die Liebe eifert nicht, die Liebe treibt nicht Mutwillen, sie bläht sich nicht auf,

5 sie verhält sich nicht ungehörig, sie sucht nicht das Ihre, sie lässt sich nicht erbittern, sie rechnet das Böse nicht zu,

6 sie freut sich nicht über die Ungerechtigkeit, sie freut sich aber an der Wahrheit;

7 sie erträgt alles, sie glaubt alles, sie hofft alles, sie duldet alles."

Schönheit

Immer wieder bin ich beim Lesevortrag dieses Gedichtes zutiefst ergriffen, da es mich herzergreifend berührt.

Was kann es Schrecklicheres geben, als das Menschenvertrauen eines Kindes aus niederen Beweggründen bewusst irrezuführen, es zu missbrauchen! Und doch passiert es weltweit immer und immer wieder!

Expressionismus

Draußen

Hier kann sehr schön gelesen werden, zu welchen Sichtungen, Hörungen und Innerungen eine drogenfreie Wahrnehmung führt.

Neuer Tag

Wohl und Wehe liegen auch dann beisammen, wenn sie eine von Menschen gedachte Grenze durchlaufen. Sie können nicht hören, was soll da ein neuer Tag!

Nacht und Tagesteil

Auch banales Geschehen kann beachtet und beobachtet werden. Es ist Leben!

Verlorenheit des Verlustes wegen

Wie kann ein Mensch sich nicht nur verloren fühlen, sondern doch wirklich verloren sein, wenn er einen Verlust erlitten hat! Was kann es Größeres geben als den Verlust der Liebe? Dann ist der Mensch verloren! Dann hat er verloren!

In der Bibel, Lukas 15, kann gelesen werden, wie viel Freude der Mensch hat, wenn er findet und die Verlorenheit endet:

"Er sagte aber zu ihnen dies Gleichnis und sprach: Welcher Mensch ist unter euch, der hundert Schafe hat und, wenn er eines von ihnen verliert, nicht die neunundneunzig in der Wüste lässt und geht dem verlorenen nach, bis er's findet? Und wenn er's gefunden hat, so legt er sich's auf die Schultern voller Freude. Und wenn er heimkommt, ruft er seine Freunde und Nachbarn und spricht zu ihnen: Freut euch mit mir; denn ich habe mein Schaf gefunden, das verloren war."

Wintertag

Für viele Menschen geht der Winter der Nordhemisphäre mit Trübsinn einher. Ob nun Melancholie oder gar Depression die Stimmungen färben, ein Wintertag geht auf die Auswirkungen ein und nennt sie kurz.

Der Hahn sagt guten Morgen

Wie erleben Menschen den Beginn des Tages und den Gang zur Arbeit? So!

Sommertag

Wird doch jeder sonniger Sommertag durch die Nacht beendet. Der letzte Absatz weist darauf hin! Das Dunkele wird kommen!

Politik

Gesellschaft

Man kann keine Politik gegen Adam Riese machen, dann sagte man, es solle keine Politik gegen Adam Riese gemacht werden. Heute macht man Politik gegen ihn.

Guten Tag

Als ich diese Aussage zur Epoche der vierten Industriellen Revolution aufschrieb, war ein extensiver Fortschritt der elektronischen Datenverarbeitung zu erwarten. Dass sie dagegen durch die Künstliche Intelligenz und deren Möglichkeiten, die aktuell Einzug hält, die fünfte Industrielle Revolution begründen wird, dagegen nicht.

Krieg und Frieden

Kompanieführer

Im Gedenken an meinen Großonkel Heinz
Lichtenstein, 21. Mai 1892 - 18. April 1918.

Krieg und Liebe

Krieg und Liebe habe ich aktuell zur
Buchveröffentlichung meiner gesammelten
Schriften aufgeschrieben. Dabei habe ich mich
an dem Bibelbuch 1. Korinther Vers 13
orientiert.
Im Gegensatz dazu steht Napoléon Bonaparte
mit seinem Satz: "Im Krieg und in der Liebe ist
alles erlaubt."

Kurzgeschichten

Blutige Treue

"Blutige Treue" ist eine Gruselgeschichte, die den Akt einer brutalen Reinkarnation schildert.

Aber wie kann der verstorbene Akteur der Erzählung denn vom Geschehen berichten? Ganz einfach, es ist eine erfundene Geschichte und Achtung, die auch ein Albtraum sein kann!

Das Versprechen

Hier wird über ein eher heiteres als schauerliches Geschehen berichtet.

Der Ansatzpunkt zur fiktiven Handlung war eine gedankliche Projektion auf eine Großtante. Diese Verwandte hatte gemeinsam mit ihrem Ehemann im westlichen Nachkriegsdeutschland eine materiell erfolgreiche Karriere realisieren können.

Zu ihrem Eigentum zählte auch ein stattliches Haus.

Als Jugendlicher wohnte ich in Sichtweite auf einen Friedhof, um nicht zu schreiben "lebte" ich. Das war der zweite Ansatz zum Inhalt der Erzählung.

Wobei das Haus mit der Freundin das Ziel und der Friedhof als Gegenteil dazu das Hindernis eines Weges darstellen.

Die Treue zu einer Liebe verleiht Kraft und Energie zur Überwindung von Hindernissen!

Die schwarze Jacke

In dem Schauermärchen "Die schwarze Jacke" geht es um eine Todesahnung. Genauer, ein Freund berichtete mir einst, dass, wenn er den Friedhof seiner Ahnen besuchte, er zu sich selbst sprach: "Dies wird der Ort sein, an dem ich bald liegen werde."

Nur kurz nach dieser Eingebung erkrankte er sehr schwer und sein Leben konnte daher nur durch erheblichen Einsatz der ärztlichen sowie der medizintechnischen Kunst bewahrt werden. Der Protagonist bleibt in meiner Handlung unbehelligt, da er den Hergang nur träumt!

Göttin

Seit der Mensch eine Todeserkenntnis hat, er also um seine Vergänglichkeit weiß, möchte er wissen, nicht ahnen, nicht glauben, was denn seinem unausweichlichen Tod wohl folgen wird.

Die Erzählung "Göttin" folgt dem Leitgedanken des Philosophen Arthur Schopenhauer. Der nämlich zum Wehe der Welt schrieb: "Wer sich Schmerz und Leid auf dem Erdenrund vor Augen führe, der werde, sofern er nicht heuchle, schwerlich disponiert sein, Hallelujas anzustimmen." Seine Ansicht: "Die Welt ist etwas, was nicht sein soll", gipfelt in der von ihm vertretenen These, dass die Welt die Schlechteste aller Möglichen ist.

Es kann also hierauf folgend, im Sinne Schopenhauers, gut dargelegt und vertreten werden, was dem irdischen Tod folgen wird; eben nichts anderes sein kann, als nun mal genau die Weiterführung des Jammertals Welt, wie es Schopenhauer in seinen Schriften vertrat, begründete und verteidigte.

"Göttin" verweist dieser Philosophie folgend auf ein schreckliches Dasein nach dem Tod. Jedoch hier im Gegensatz zu Schopenhauer, für den der Tod besser als das Leben sei, auf eine Existenz, die verdichtet so elend grausam ist, dass das Leben dagegen doch ein leidlich schöner Kontrapunkt ist.

Unerwarteter Besuch

Als ich diese Story im Jahr 1983 schrieb, war mir der Inhalt der US-amerikanischen Verfilmung "Die Schwarze Majestät" aus dem Jahr 1934 nicht bekannt. In deren Script spielt der Tod die Rolle eines Besuchers, der gemäß seiner Art einen Menschen in sein Reich nehmen will.

1998 wurde die Handlung in Hollywood erneut verfilmt und unter dem Titel "Rendezvous mit Joe Black" in den deutschen Kinos vorgeführt. In diesem Remake spielen Brad Pitt, Anthony Hopkins und Claire Forlani die Hauptrollen.

In meiner Abhandlung geht es genau wie dort um den Besuch des Todes bei einem Klienten; hier schiebt er indes ohne zu nehmen auf.

Die Inspiration zum Inhalt hatte ich seinerzeit, als mir die Frage Bismarcks an seinen behandelnden Arzt bekannt wurde, wie nahe der Tod schon bei ihm sei.

Der Autor

Foto: Jennifer Amicone

Detlef Lichtenstein ist ein bekannter Autor von Veröffentlichungen zur Industrie- und Designhistorie.

Er lebt und arbeitet in Berlin als Dozent der Wirtschaftswissen- schaften.